AF381547

TOMA EL CONTROL SOBRE LA ANSIEDAD

Las claves para lograr la plenitud personal y profesional

Por Sabrina Biodore

Traducido por Laura Soler Pinson

Coaching 50MINUTOS.es

RELAJARSE PARA VIVIR Y TRABAJAR MEJOR

- **¿Problemática?** ¿Cómo hago para que desaparezcan la ansiedad y la angustia, esos sentimientos limitadores?
- **¿Utilidad?** La ansiedad y la angustia, sensaciones de malestar difusas, pueden plantear serios problemas de gestión de nuestra vida diaria y profesional si perduran en el tiempo.
- **¿Contexto profesional?** Bienestar en el trabajo, gestión del estrés.
- **¿Preguntas frecuentes?**
  - ¿Cuál es la diferencia entre ansiedad y angustia?
  - ¿Cómo identifico las señales de la ansiedad?
  - ¿Cómo acabo con la ansiedad vinculada al rendimiento profesional?
  - ¿Cómo incide la ansiedad en mis aptitudes profesionales?
  - No tratar la ansiedad: ¿cómo puede evolucionar?
  - ¿Cómo se manifiesta una crisis de angustia?

- ¿Qué desventaja laboral me pueden suponer las crisis de angustia?
- ¿Por qué no probar la homeopatía para tratar los problemas de ansiedad?

Independientemente de si estás empezando tu vida activa o si ya llevas a las espaldas varios años de experiencia, probablemente esperas de tu trabajo que te garantice un marco distendido —sin que eso signifique que no tengas retos— donde resulte agradable vivir y trabajar, al igual que muchos empleados. Sin embargo, el malestar y el sufrimiento en el trabajo son datos que todo el mundo conoce; así lo confirma el número creciente de artículos publicados en las revistas y en los periódicos acerca de estos temas.

¿Qué podemos hacer cuando la ansiedad se instala en nuestro día a día? ¿Cuando la preocupación o el miedo a no se sabe qué perjudica nuestra eficacia? O peor, ¿cuando las crisis de angustia nos paralizan, hasta el punto de que nos impiden que cumplamos con tareas simples?

La ansiedad y la angustia son verdaderos problemas de salud púbica. En Francia, por ejemplo, afectan a entre el 5 y el 8 % de la población, un porcentaje en el que encontramos el doble de mujeres que de hombres. Pero estas enfermedades no son fatalidades. Debes saber que tienes que actuar con rapidez, en cuanto identificas síntomas persistentes o repetitivos. Una asistencia global al individuo, tanto en el plano médico como psicológico, puede permitir tratar los problemas y reducirlos de forma considerable.

Así, tómate 50 minutos para aprender cuáles son los buenos gestos que debes adoptar en tu día a día para que estos problemas que, en origen, son pequeños, no se instalen, no empeoren y te permitan estar en plena posesión de tus capacidades para llevar a cabo tus tareas profesionales. ¡Y esto es mejor hacerlo antes de que se conviertan en una verdadera limitación!

EL ABECÉ DEL TRABAJADOR RELAJADO

Estrés, ansiedad, angustia: ¿cuáles son las diferencias?

El ámbito profesional puede ser exigente y someter al individuo a diversas presiones que pueden volverlo sensible al estrés. Sin embargo, en este punto es vital que sepamos diferenciar entre el estrés, la ansiedad y la angustia.

El estrés se corresponde con manifestaciones físicas/psicológicas que se inician como respuesta a estímulos interpretados como una presión, una obligación o una tensión pasajera. Los síntomas del estrés son muchos y varían según el individuo: vértigo, agitación, ansiedad... El estrés actúa tanto en el físico como en el plano mental y comportamental.

La ansiedad se caracteriza por un trastorno

pasajero de las emociones. El individuo siente en mayor o menor grado una sensación de peligro que se manifiesta a través de síntomas físicos precisos como nerviosismo, dolor de cabeza, taquicardia (ritmo cardiaco elevado), dolor abdominal, inseguridad... Está considerada una manifestación normal como reacción a una situación estresante o cuando existe un peligro real. Permite enfrentarse a los acontecimientos y presentar una reacción adaptada. La ansiedad se vuelve patológica cuando se repiten los trastornos por razones difusas, sin causa aparente, o cuando se instalan permanentemente.

La angustia se corresponde con una deriva de las manifestaciones ansiosas; es la fase siguiente de la ansiedad. Así, una persona en estado de ansiedad constante o frecuente corre especialmente el riesgo de sufrir crisis de angustia. Entonces, siente una sensación de muerte inminente y se ve paralizada por el miedo. La sensación de muerte, la aceleración del ritmo cardiaco, los dolores abdominales, la sensación de volverse loco, los temblores o la tetania son algunos de los síntomas que permiten diagnosticar el estado de crisis.

En resumen

Estrés	
Definición	Conjunto de manifestaciones físicas, psicológicas y comportamentales que se ponen en marcha como respuesta a situaciones que el individuo percibe como una obligación, una tensión.
Síntomas, en función de los individuos	• Sudores • Vértigo • Agitación • Dificultad para respirar
Ansiedad	
Definición	Trastorno pasajero de las emociones. Reacción normal que se manifiesta frente a una situación estresante o ante un peligro. Se habla de trastorno de la ansiedad cuando la sensación de peligro/amenaza se manifiesta de forma difusa, sin causa aparente.
Síntomas, en función de los individuos	<u>Sensación de peligro</u> • Dolor abdominal • Nerviosismo • Taquicardia • Sudores • Dolor de cabeza

Angustia	
Definición	Fase siguiente de la ansiedad. La ansiedad se manifiesta con cada vez mayor frecuencia y de forma exagerada. Pueden aparecer crisis de angustia.
Síntomas, en función de los individuos	<u>Sensación de muerte inminente</u> • Dolor torácico • Sensación de volverse loco • Dolor abdominal • Taquicardia • Tetania

La ansiedad y la angustia, que ya por sí solas son limitadoras, pueden evolucionar hacia distintas patologías más graves: los trastornos de ansiedad generalizada (TAG), las fobias, las crisis de pánico, los trastornos obsesivo-compulsivos (TOC), etc. Por lo tanto, no te las tomes a la ligera y no dudes en consultar un especialista para ponerte en manos de un profesional lo más rápido posible.

La ansiedad del rendimiento

Las exigencias relacionadas con el ámbito laboral actual, el deseo de éxito del empleado, la importancia del modelo de ganador, del individuo «multitarea», capaz de ser muy bueno en todos los frentes, han generado nuevos trastornos, clasificados como riesgos psicosociales. Estos nuevos «imperativos» han provocado que surja en el trabajador actual una ansiedad, llamada de rendimiento, relacionada con el deseo de estar siempre al máximo. Sin embargo, ¿acaso los efectos de la estimulación autoprovocados no terminan por tener incidencias negativas? Se sabe que a fuerza de fijarse objetivos cada vez más elevados, los empleados logran el efecto inverso al que buscan al principio.

En efecto, ser perfeccionista y tener el deseo de realizar un trabajo de una forma correcta pueden ser cualidades estimulantes. No obstante, cuando el empleado se pone demasiada presión con respecto a los resultados —a la que hay que añadir la presión jerárquica—, puede meterse en problemas desde un punto de vista profesional. La amplitud de la tarea y la insatisfacción permanente lo conducen a una espiral infernal. Se vuelve ansioso, teme el fracaso o considera que jamás está a la altura. A ello le sigue la desmotivación, la pérdida de recursos y de capacidades e, incluso, el síndrome de desgaste profesional. Esta enfermedad reciente se corresponde con un agotamiento profesional completo: el empleado se ve sobrepasado física y psicológicamente y ya no logra enfrentarse a ello. Por esa razón, es preferible poner el trabajo en su sitio: llevar a cabo nuestras tareas de una forma correcta es más que suficiente. Te recomendamos encarecidamente que limites el perfeccionismo exagerado o los objetivos fuera de tu alcance.

¿CUÁLES SON LAS CAUSAS DE ESTAS ENFERMEDADES?

Los trastornos relacionados con la ansiedad y con la angustia no tienen un origen determinado. En efecto, estos miedos irracionales nacen generalmente durante fases de desarrollo del niño o aparecen tras una experiencia traumática vivida durante este periodo, durante la adolescencia o durante la edad adulta.

Por lo tanto, los trastornos de ansiedad o las

crisis de angustia pueden ocurrir por múltiples factores. Se les atribuyen causas ambientales, médicas o incluso psicológicas.

Causas ambientales

Crecer en un contexto que no ofrece seguridad, con unos padres que a su vez son ansiosos o que maltratan, pueden contribuir a que se dé pie al desarrollo de trastornos de ansiedad en el individuo. En efecto, un niño que sufre humillaciones cotidianas o violencia psicológica repetida con el objetivo de desvalorizarlo desarrollará trastornos de la autoestima. También puede desarrollar en paralelo una tendencia a preocuparse de forma exagerada ante situaciones que en realidad son insignificantes. Pero la ansiedad también la pueden transmitir padres sobreprotectores que ven peligros por todas partes y transmiten sus temores a su hijo. Cuando este último llega a la edad adulta, puede ser más propenso a sufrir una ansiedad generalizada o a desarrollar trastornos de la ansiedad o fóbicos.

Causas médicas

Algunas patologías provocan síntomas que se

parecen a los que surgen cuando se manifiesta la ansiedad: problemas para respirar, dolor de pecho, dolor abdominal, sudores, etc. Se trata de patologías como la diabetes, el asma, las enfermedades cardiacas o las enfermedades de la tiroides (la glándula endocrina situada en la base del cuello). Por lo general, estas últimas influyen en el humor y en el estrés.

Si sufres con frecuencia cambios de humor o de angustia irracional, es vital que empieces por descartar posibles causas biológicas y médicas. Para ello, basta con consultar a un médico que te recetará los análisis biológicos y que iniciará un examen físico exhaustivo. Eliminar los diagnósticos diferenciales permite establecer con seguridad el de los trastornos de ansiedad.

Causas psicológicas

Los individuos son sensibles y reaccionan de manera diferente a los acontecimientos que viven cada día. Esto depende del entorno en el que han crecido, de su ambiente y de las experiencias que han moldeado su carácter.

Una experiencia traumática, como una agresión

física, la pérdida de un ser querido, un accidente o una catástrofe natural, puede ser un detonante de trastornos de ansiedad. El miedo de revivir la situación traumática puede acarrear que se instauren conductas de evitación, que se reproducen de manera incontrolable, y que la vida cotidiana del individuo sea extremadamente difícil de gestionar.

Aquí hay que distinguir entre el estrés postraumático —sentimiento de horror intenso que se produce poco después de este tipo de acontecimiento y que, por lo general, desaparece al cabo de unos meses— y el trastorno de ansiedad —que también deriva de los mismos acontecimientos y que, por su parte, puede quedarse para siempre si no prestamos atención—.

El deseo de ser constantemente eficaz en el trabajo, el miedo de perder el puesto o de verse sin empleo también pueden provocar este tipo de trastornos y complicar las relaciones profesionales (y personales). Entonces, la ansiedad y la angustia se convierten en verdaderas molestias que perturban la vida profesional del individuo.

LAS CONSECUENCIAS EN LA VIDA DIARIA Y PROFESIONAL

En el día a día, gestionar los trastornos de ansiedad puede convertirse rápidamente en una pesadilla. En efecto, los síntomas físicos mencionados más arriba (palpitaciones, problemas para respirar, etc.) pueden ser limitadores y requerir en el momento una atención médica más o menos larga antes de desaparecer temporalmente. Esto supone un problema en cualquier situación.

A continuación, debes saber que la repetición de estos síntomas puede acarrear o aumentar distintas enfermedades. En efecto, las palpitaciones, los dolores torácicos, etc., pueden encontrarse en la raíz de patologías cardiacas como la hipertensión o la angina de pecho, e incluso pueden provocar un infarto durante una crisis de angustia, por ejemplo. El estrés, que se ve incrementado en el marco de un estado de angustia, puede llevar a la aparición de ulceras o de trastornos hormonales (desregulación de la secreción de cortisol, por ejemplo). Estas enfermedades secundarias pueden achacarse a los trastornos relacionados con la ansiedad. También pueden aparecer trastornos del sueño o dolores de cabeza que se añadan a la lista de problemas que experimentan las personas que sufren trastornos de la ansiedad.

En el marco de la vida laboral, las crisis de pánico pueden impedir que el trabajador efectúe correctamente las tareas que se le atribuyen. La ansiedad y la angustia perjudican la eficacia. También pueden perturbar las relaciones profesionales. El individuo ansioso no está a gusto con sus compañeros o muestra señales de irritabilidad, que entonces tendrán una incidencia en el ambiente de trabajo. En cuanto a la ansiedad de rendimiento, puede agravar problemas que ya estén presentes.

Para ofrecer una imagen aún más negativa de la situación, si no se pone en marcha ningún tratamiento, el individuo presa del tormento de la ansiedad puede caer rápidamente en la depresión o en ciertas conductas adictivas (alcoholismo, consumo de drogas como la cocaína, el cannabis, etc.).

Sobre todo, no hay que quedarse de brazos cruzados o sufrir los acontecimientos como una fatalidad. Por suerte, existen tratamientos adaptados y es posible tratar correctamente las dolencias producidas por los trastornos de la ansiedad y de la angustia. ¿A qué esperas para curarte?

¿CÓMO SALIR DE ELLO?

El diagnóstico de ansiedad y de angustia se establece cuando los trastornos observados duran más de seis meses y cuando se ha descartado una patología subyacente (tras una consulta médica).

Entonces, la terapia se basa en la administración de tratamientos médicos y en el seguimiento psicológico. También se recomienda vivamente la práctica de actividades relajantes, que permiten luchar contra el estrés y que contribuyen a la disminución de los trastornos.

La atención médica

Los medicamentos administrados en el tratamiento de la angustia son esencialmente:

- los **antidepresivos**, que permiten disminuir los trastornos actuando sobre la eficacia de los neurotransmisores —elementos químicos que sintetizan las neuronas y que actúan a nivel de la transmisión del influjo nervioso—;
- los **ansiolíticos**, como las benzodiazepinas (Xanax, Diazepam, Lysanxia, etc.), que permiten disminuir las sensaciones relacionadas con los trastornos o prevenir la aparición de los síntomas. El inconveniente de los ansiolíticos como las benzodiazepinas es que pueden generar un estado de dependencia. Por lo tanto, es fundamental seguir el tratamiento prescrito y no frenarlo en seco. Por norma general, el médico prescribe ansiolíticos para un periodo de dos a tres meses para evaluar la eficacia del tratamiento. Si el individuo se está planteando parar la ingesta, debe hacerlo con el acuerdo de su médico. A continuación, la interrupción se hace de forma progresiva (disminución de la posología con supervisión biológica para evitar un síndrome de abstinencia).

En líneas generales, está comprobada la eficacia de los ansiolíticos en la disminución significativa de los síntomas relacionados con la ansiedad. En seguida, el paciente se siente más sereno.

La atención psicológica

El tratamiento con medicamentos actúa sobre las manifestaciones de la ansiedad y de la angustia; no sobre sus causas. Para estas últimas está la atención psicológica. Así, la psicoterapia es el tratamiento de primera línea de la ansiedad y de la angustia; sin ella, solo se puede actuar sobre los síntomas y no se tratan los trastornos en profundidad.

Gracias a las técnicas utilizadas, el enfermo va a

poder identificar primero las causas psicológicas que se encuentran en la raíz de los trastornos que lo afectan, antes de analizar los mecanismos que usan para instalarse. Entonces, podrá modificar estos mecanismos para enfrentarse eficazmente a los episodios de ansiedad. Existen varios tipos de psicoterapia.

- En el marco de **la psicoterapia analítica**, el paciente acude a sesiones en las que se abre a un psicoterapeuta. Al hablar, al decir en voz alta sus síntomas y su sufrimiento, puede actuar sobre ellos. El individuo asocia libremente objetos, lugares, acontecimientos que han ocurrido en el pasado hasta relacionarlos con los trastornos que está experimentando. Analizará las distintas fases de su vida que pueden encontrarse en la raíz de sus problemas, desde su más tierna infancia hasta la edad adulta. Determinar los factores que originan los trastornos de ansiedad ofrece la posibilidad de actuar, de trabajar sobre estos últimos para adaptar los métodos terapéuticos.
- **La terapia cognitivo-conductual** (TCC) es una terapia corta, es decir, se desarrolla en un tiempo determinado (en general, entre tres

y seis meses). Si se asocia con la prescripción de un antidepresivo, permite prevenir las recaídas. Tiene un objetivo preciso: permite que el individuo, ayudado por el terapeuta, ponga el dedo sobre las conductas «desviadas» que se adoptan para enfrentarse a situaciones determinadas. En este sentido, este tipo de terapia se adapta perfectamente a la corrección de conductas que se originan en el marco de trastornos de ansiedad generalizada. Durante las sesiones, el individuo revive sus periodos de crisis y evoca sus síntomas. A continuación, descifra las reacciones que ha tenido para enfrentarse a esos episodios: evitación de situaciones, esquemas relacionales, etc. A partir de ahí, el terapeuta lo ayuda a «reprogramar» las distintas reacciones que ha desarrollado para que en el futuro pueda enfrentarse a los acontecimientos con objetividad y concreción.

-

Por ejemplo, si te paraliza el hecho de hablar delante de un grupo y siempre te las arreglas para delegar esta tarea en un compañero, el terapeuta te ayudará a entender cuál es la raíz de esta angustia. A continuación, te ayudará a trabajar en el esquema de reacciones que has construido cuestionando sus bases: ¿por qué delegar esta tarea en otra persona? ¿Por qué considero que no soy capaz de llevarla a cabo? ¿Cómo puedo salir triunfante de esta actividad? Al final, este tipo de ejercicio te permitirá ser capaz de expresarte delante de un grupo e, incluso, saber liderar una reunión. La TCC también se utiliza para luchar contra los trastornos obsesivo-compulsivos, los trastornos alimentarios (anorexia, bulimia) y los trastornos depresivos.

Prevención

En paralelo a estos acompañamientos terapéuticos o como tratamiento de prevención, no hay nada mejor que practicar actividades relajantes, extremadamente beneficiosas para luchar contra el estrés precursor de la ansiedad:

• a veces se utiliza la **relajación** durante una TCC para ayudar al paciente a distenderse. En efecto, permite que el individuo que da vueltas constantemente a los mismos pensamientos molestos desconecte del día a día y disminuya su estrés actuando sobre sus manifestaciones físicas: el ritmo cardiaco disminuye, los músculos se relajan, los pensamientos se desvían menos, etc. El beneficio que se experimenta es muy concreto. Existen distintos enfoques en materia de relajación: respiración abdominal, sofrología, autohipnosis, yoga, aromaterapia… Son muchas las técnicas que podemos aprovechar en el marco del tratamiento e, incluso, fuera de este contexto.

• la práctica de una **actividad deportiva** frecuente también permite luchar contra la ansiedad y las crisis de angustia. El deporte ayuda a expulsar las tensiones que puede vivir el individuo, lo que lo convierte en una válvula de escape beneficiosa. En efecto, después de unos treinta minutos de actividad física, el cuerpo segrega las hormonas específicas del bienestar: las endorfinas. Estas son las que le dan al organismo esa sensación de relajación y de mayor bienestar tras una sesión de deporte, lo que contribuye a mejorar el bienestar en su día a día.

Para obtener resultados todavía más concluyentes, prioriza también tus horas de sueño y resérvate tiempo libre para dedicarte a ocupaciones que te permitan recargar las pilas (como pasar tiempo con tu familia, admirar bonitos paisajes, tomar algo con amigos, etc.). Y dado que nuestro intestino es nuestro tercer cerebro, tras el corazón, podemos añadir un régimen alimentario sano y equilibrado al que nos atendremos y que acompañaremos de la supresión de sustancias nocivas para el organismo (café, tabaco, alcohol, etc.).

DIEZ ALIMENTOS PARA LUCHAR CONTRA LA ANSIEDAD

Algunos alimentos —de los que no se debe abusar, como ocurre con todo— son famosos por sus efectos positivos en el sistema nervioso, en especial:

- las bacterias o levaduras probióticas, que encontramos por ejemplo en los yogures;
- los pescados grasos, como el salmón, la sardina o la trucha;
- los cereales integrales;
- en cuanto a frutas, los plátanos y los arándanos;
- los huevos;
- las algas de mar;
- las almendras;

¿Acaso no dice el proverbio «Mente sana en cuerpo sano»? Por lo tanto, para luchar contra la ansiedad y la angustia, estos procedimientos evidentes no son superfluos. Y combatir estos sufrimientos te permite estar más activo en tu trabajo, vivir tu vida profesional de la mejor manera posible, tener buena relación con tus compañeros y ser capaz de dar lo mejor de ti mismo. Dicho de otra manera, te permite ser competitivo y eficaz.

EN RESUMEN

La duración del tratamiento de las dolencias debidas a la ansiedad y a la angustia será más o menos larga dependiendo del individuo. Depende de la gravedad de los trastornos experimentados. Para curar eficazmente al paciente enfermo, se pueden considerar varias soluciones terapéuticas: los tratamientos con medicamentos (ansiolíticos y antidepresivos) o las psicoterapias (cognitivo-conductual o analítica). Las actividades relajantes como el deporte o los ejercicios de relajación tienen efectos positivos sobre el tratamiento y ayudan a que desaparezcan o a que se reduzcan considerablemente los síntomas de estos males limitadores. Sufrir ansiedad o angustia no resulta fatal.

LOS MEJORES CONSEJOS

- Aprende a establecer la diferencia entre el estrés ligado a tu trabajo y el relacionado con la gestión de tu vida diaria, entre la ansiedad pasajera (normal), la ansiedad patológica (que surge sin causa aparente y cuyos síntomas se manifiestan de forma anárquica durante más de seis meses) y la angustia generalizada (sensación de peligro inminente, miedo excesivo que incapacita).

- Para llevar a cabo simultáneamente todas tus actividades, intenta privilegiar un modo de vida sano. Sigue una dieta equilibrada, haz deporte, acuéstate a horas regulares y descansa lo suficiente. Estas pocas precauciones básicas, que son válidas para todo el mundo, te permitirán enfrentarte a la presión profesional con serenidad.

- Si eres un individuo estresado por naturaleza en tu día a día, esto puede repercutir en tu vida laboral. Anticípate a los episodios de angustia generalizada relajándote. Corre, nada, haz yoga, regálate sesiones de masajes, etc. Opta por una actividad deportiva o relajante que te permita distenderte y que te haga sentirte bien contigo mismo.

- Algunas plantas tienen propiedades relajantes: lúpulo, pasionaria, valeriana, etc. Consumir tisanas a base de plantas (por la noche, antes de acostarte, por ejemplo) puede ayudarte a sentirte relajado y sereno. También podrías probar Euphytose, un tratamiento que se vende en farmacias y que no requiere receta, cuyos principios activos se extraen principalmente de la valeriana y de la pasionaria. Está indicado en los casos de trastornos de la ansiedad menores.
- Cuando se mantienen los síntomas de la ansiedad, no esperes demasiado antes de reaccionar. Cuanto antes se ponga en marcha el tratamiento, con menor frecuencia se manifestarán los episodios de gran ansiedad. Negar el problema te expone a que se desarrollen trastornos patológicos.
- Empieza por consultar a un médico para identificar los posibles orígenes biológicos de tus dolencias (diabetes, problemas cardiacos, hipertiroidismo, asma, etc.).
- El médico del trabajo ayuda a detectar al-

gunos trastornos que sufren los empleados. Aprovecha las visitas al médico para hablar de tus síntomas, de tus problemas en el día a día o de los que experimentas en el trabajo. No te aísles, tienes interlocutores que te escuchan.

- Si tus dolencias no provienen de una enfermedad biológica, si son intensas, frecuentes e, incluso, permanentes, si sufres con regularidad de crisis de angustia, de ataques de pánico, de TOC o de fobias irracionales, entonces tendrás que considerar una orientación psicológica que vaya acompañada o no de una ingesta de medicamentos calmantes.

PREGUNTAS FRECUENTES

¿CUÁL ES LA DIFERENCIA ENTRE ANSIEDAD Y ANGUSTIA?

La ansiedad es una reacción normal ante acontecimientos estresantes (el hecho de que se acerque una fecha límite importante, por ejemplo) o ante una situación difícil (examen de conducir, presentación de un expediente en una reunión profesional, etc.). Permite sentir un miedo que va a ayudar a que el individuo reaccione. Se convierte en anormal cuando sucede sin una causa aparente durante un largo periodo de tiempo.

La angustia es una manifestación paroxística de la ansiedad. El individuo sufre crisis repetidas, sin motivo aparente, en las que padece un malestar total. Estos episodios van acompañados por miedo irracional, incapacidad para reaccionar, sensación de muerte inminente, palpitaciones, sudores, náuseas u otros síntomas.

¿CÓMO IDENTIFICO LAS SEÑALES DE LA ANSIEDAD?

Las señales de ansiedad son numerosas. Además, varían según los individuos. Los síntomas que sientes en caso de ansiedad no son los mismos que los de otra persona. Sin embargo, algunos factores pueden alertarte:

* sientes constantemente o con frecuencia preocupación, pero no se produce ninguna situación estresante;
* siempre estás cansado, estás irritable;
* tu corazón se acelera sin ninguna razón, sientes problemas para respirar, empiezas a sudar abundantemente, tienes dolores en el tórax o en el abdomen;
* sientes náuseas o de repente sufres dolores de cabeza.

Cuando se producen varios de estos síntomas repetidamente y se presentan junto a una preocupación difusa durante varios meses, tienes que hacerte preguntas. Probablemente, sufres de angustia o de ansiedad. Solo existe una solución: consultar a un médico.

¿CÓMO ACABO CON LA ANSIEDAD VINCULADA AL RENDIMIENTO PROFESIONAL?

Querer estar a la altura, ser eficaz y garantizar un buen trabajo deben ser objetivos motivadores en el marco de tu vida profesional. Sin embargo, cuando estos últimos se vuelven demasiado exigentes o si la presión que sienten los empleados es demasiado importante, pueden aparecer trastornos de la ansiedad. Para acabar con la ansiedad ligada al rendimiento, no hay que dejar que el trabajo prevalezca sobre los demás espacios de tu vida. No descuides el sueño o tu necesidad de moverte. No sitúes el listón demasiado alto, conténtate con alcanzar objetivos profesionales satisfactorios y vela por tu bienestar: de esta manera, podrás disminuir las manifestaciones de la ansiedad.

¿CÓMO INCIDE LA ANSIEDAD EN MIS APTITUDES PROFESIONALES?

La ansiedad tiene varias consecuencias en la vida profesional. El asalariado puede mostrarse irritable, tenso frente a sus compañeros o a su trabajo. También puede experimentar problemas para concentrarse y, por lo tanto, para efectuar algunas tareas. Puede perder sus capacidades (si tiene que organizar una reunión, por ejemplo) o ser presa del pánico. Para acabar, puede desarrollar algunos comportamientos, como la evitación de algunas situaciones que no puede gestionar.

NO TRATAR LA ANSIEDAD: ¿CÓMO PUEDE EVOLUCIONAR?

Si no se trata la ansiedad, se puede convertir en crónica y acarrear la persistencia de los síntomas de forma continua y anárquica. También puede evolucionar hacia el desarrollo de:

- trastornos de la ansiedad generalizada (TAG). Los TAG se corresponden con el desarrollo de una ansiedad casi permanente. Los temas que inquietan a la persona enferma son múltiples y atañen los distintos ámbitos de su vida.
- crisis de angustia o de pánico, es decir, un episodio agudo de manifestación de angustia. La persona se ve paralizada por el miedo y tiene la impresión de que va a morir en el acto. Se constata la hiperventilación en algunos indivi-

duos que sufren una crisis de pánico. Respiran más rápido y de manera irregular.

- estados de fobia. Por ejemplo, la fobia social se va a corresponder con la aparición de un miedo irracional ante una interacción con los demás. Por su parte, la agorafobia se corresponde con el miedo a encontrarse en espacios públicos en los que las salidas de emergencia parecen difíciles de alcanzar. Entonces, el enfermo tiene miedo de no poder ser atendido en el lugar en el caso de que lo necesitara. Existen muchos estados de fobia.
- Trastornos obsesivo-compulsivos (TOC). Los TOC consisten en reproducir los mismos gestos repetidamente, en el marco de una situación determinada. Estos gestos compulsivos permiten que la persona se enfrente a una situación que lo angustia.

¿CÓMO SE MANIFIESTA UNA CRISIS DE ANGUSTIA?

La crisis de angustia es un acontecimiento que perturba y que incapacita. En efecto, el individuo experimenta una sensación de miedo, cree que está en peligro de muerte y se encuentra completamente desvalido ante este episodio. Los síntomas pueden ser los mismos que los que hemos mencionado anteriormente: sudores, dolores abdominales o torácicos, taquicardia, náuseas, etc. En el momento de la crisis, el sentimiento de pérdida total de control aumenta la sensación de miedo irracional. Cuando se produce una crisis de angustia en el lugar de trabajo, acarrea un estado de incapacidad temporal. El empleado puede vivir muy mal esta situación y, además de sentir estrés, también puede experimentar una vergüenza difícil de asumir.

¿QUÉ DESVENTAJA LABORAL ME PUEDEN SUPONER LAS CRISIS DE ANGUSTIA?

Las crisis de angustia son episodios agudos, intensivos, que se producen cuando los mecanismos de reacción del individuo se ven sobrepasados. Entonces, el individuo se ve totalmente incapaz de reaccionar y, cuando se producen ciertas crisis con síntomas físicos particularmente violentos, puede ser necesaria una atención médica.

Si las crisis se vuelven demasiado numerosas y

se repiten en intervalos demasiado cortos, el individuo perderá toda aptitud para llevar a cabo su trabajo correctamente durante un periodo indeterminado. Entonces, será necesario cesar temporalmente la actividad e, incluso, considerar una baja médica larga para poner en marcha el tratamiento adaptado. Profesionalmente hablando, esto es particularmente limitador.

¿POR QUÉ NO PROBAR LA HOMEO-PATÍA PARA TRATAR LOS PROBLE-MAS DE ANSIEDAD?

Algunos tratamientos homeopáticos permiten luchar contra la ansiedad y la angustia. Por ejemplo, el Gelsemium 9 CH se utiliza de preferencia como tratamiento de fondo de la ansiedad o de la angustia. El Aconitum Napellus 15 a 30 CH se utiliza en el marco de las crisis de angustia, mientras que el Ambra Grisea 15 CH permite reducir las palpitaciones que provocan los trastornos. Esta lista no es exhaustiva. En cualquier caso, se aconseja vivamente hablar de las posibilidades con un médico antes de empezar cualquier tratamiento.

¡AHORA ES TU TURNO!

¿Has escuchado hablar ya del yoga de la risa? Antes que nada, esta práctica se inspira de un hecho que todos conocemos: reír es bueno para la salud. Entre otras virtudes, la risa tiene la capacidad de ahuyentar la ansiedad casi instantáneamente en cuanto se instala y por un tiempo más o menos largo. Pero el yoga de la risa se basa también en otra observación: el cerebro no establece la diferencia entre la hilaridad espontánea, generada por una situación graciosa, y la que surge voluntariamente, sin razón particular. De esta manera, varios ejercicios permiten generar la auténtica felicidad, simplemente activando nuestros huesos cigomáticos.

LA RISA MAÑANERA

Se debe practicar este ejercicio con la mayor regularidad posible. Lo ideal es que se convierta en un reflejo, igual que lavarse los dientes, sin importar el día que te espera, difícil o no.

• Delante de tu espejo, empieza por sonreír a tu

reflejo. A continuación, convierte esta sonrisa en una pequeña mueca, antes de dar curso libre a tu imaginación en el arte de la deformación facial: gesticula, estira, abre de par en par, frunce, saca la lengua, etc.

- Dúchate forzándote a reír a mandíbula batiente y cantando sin tomarte en serio. Todavía mejor, fuérzate a cantar desafinando, sobre todo si tienes una bonita voz.
- Una vez que estés limpio y vestido, vuelve a situarte ante el espejo e intenta seducirte. Juega con tu mirada intensa, con tu sonrisa cautivadora, con tu mueca encantadora y, a continuación, estalla a carcajadas ante tus aspavientos cómicos.

Si vives con otras personas (compañeros de piso, mujer, marido, hijos, etc.), no dudes en incluirlos, persiguiéndolos con tus muecas o con tus intentos de seducción —aunque, quizás, no todas las mañanas—.

LA MEDITACIÓN DE LA SONRISA

Alternativamente, si realmente no estás de humor para hacer monerías o si simplemente deseas practicar un ejercicio complementario en otro momento del día —por ejemplo, antes de acostarte por la noche—, opta por la meditación de la sonrisa. Siéntate en una silla, con la espalda bien recta y los pies apoyados en el suelo. Cierra los ojos y respira profundamente mientras escuchas tu aliento, hasta que estés bien tranquilo. Entonces, piensa en una situación, una imagen, un recuerdo, algo que te haga muy feliz, y sonríe. Conserva esta imagen en tu mente mientras sigues respirando con intensidad y sonriendo. Siente cómo esa felicidad te llena el corazón y se extiende por todo tu cuerpo. Intenta mantener esta sensación durante unos minutos antes de volver a abrir los ojos.

PRESENTACIONES RELAJADAS

Justo antes de una presentación, intenta encontrar un lugar aislado, lejos de las miradas y de los oídos indiscretos. Colócate de pie con decisión, pero inclínate hacia delante, y empieza a imitar sollozos ruidosos y violentos, de los que provocan espasmos. Vete incorporándote progresivamente, sustituyendo poco a poco los llantos por risas de teatro (jojojo jajaja jijiji), cada vez más fuertes. Cuando te sitúes con la espalda y la cabeza bien rectas, levanta tus brazos al cielo y estalla de risa.

No dudes en repetir este ejercicio varias veces antes de tomar la palabra en público; en teoría, te permitirá relajar la tensión.

¡Tu opinión nos interesa!
¡Deja un comentario en la página web de tu librería en línea,
y comparte tus favoritos en las redes sociales!

PARA IR MÁS ALLÁ

FUENTES BIBLIOGRÁFICAS

- Axa Prévention. 2014. "Comprendre et traiter l'anxiété". *Axa Prévention*. Consultado el 20 de septiembre de 2017. https://www.axaprevention.fr/sante-bien-etre/sante-question/anxiete

- Baker, Roger. 2001. *Les crises d'angoisse: les comprendre pour mieux les maîtriser.* Mus: Empreinte Temps Présent.

- Brodar, Céline. 2012. "La crise d'angoisse". *Passeport Santé.* Consultado el 20 de septiembre de 2017. http://www.passe-portsante.net/fr/Maux/Problemes/Fiche.aspx?doc=attaque_de_panique_pm

- Cornette de Saint-Cyr, Xavier y Mona Poisson. 2014. *Sortir de l'anxiété. Mode d'emploi.* Chêne-Bourg: Jouvence.

- Duchène, Christian. s.f. "Quand l'anxiété devient une maladie". *Doctissimo.* Consultado el 20 de septiembre de 2017. http://www.doctissimo.fr/html/psychologie/stress_angoisse/ps_2573_anxiete_maladie.htm

- Eureka Santé Vidal, "Anxiété", 2015. Consultado el 20 de septiembre de 2017. https://eurekasante.

vidal.fr/maladies/psychisme/anxiete.html

- Gruyer, Annie y Karim Sidhoum. 2015. "Thérapie comportementale et cognitive (TCC)". *Psycom.* Consultado el 20 de septiembre de 2017. http://www.psycom.org/Soins-accompagnements-et-entraide/Therapies/Therapie-comportementale-et-cognitive-TCC

- Hordé, Pierrick. 2015. "Homéopathie – Angoisse et nervosité". *Le journal des femmes.* Consultado el 20 de septiembre de 2017. http://sante-medecine.journaldesfemmes.com/contents/856-homeopa-thie-contre-l-angoisse-et-la-nervosite

- Maillard, Catherine. 2012. "Les thérapies cognitives et comportementales". *Psychologies.* Consultado el 20 de septiembre de 2017. http://sante- http://www.psychologies.com/Therapies/Toutes-les-therapies/Psychotherapies/Articles-et-Dossiers/Les-therapies-cognitives-et-comportementales

- Pons, Geneviève. s.f. "La relaxation". *Doctissimo.* Consultado el 20 de septiembre de 2017. http://www.doctissimo.fr/html/forme/rem_forme/fo_1116_relaxation.htm

- Senk, Pascale. 2013. "En finir avec l'anxiété de performance". *Le Figaro.* 15 de marzo. Consultado el 20 de septiembre de 2017. http://sante.lefigaro.fr/actualite/2013/03/15/20070-finir-avec-lanxie-te-performance

- Seugon, Ayla. s.f. "Angoisse et anxiété". *Doctissimo.* Consultado el 20 de septiembre de

2017. http://www.doctissimo.fr/html/psychologie/
stress_angoisse/ps_1515_angoisse_anx.htm

FUENTES COMPLEMENTARIAS

- Quemoun, Albert-Claude. 2016. *Guérir le stress et l'anxiété avec l'homéopathie*. París: Leduc.s.

- Servan-Schreiber, David. 2011. *Guérir le stress, l'anxiété, la dépression sans médicaments ni psychanalyse*. París: Pocket.

- Soumaille, Suzy y Guido Bondolfi. 2015. *L'anxiété et les troubles anxieux*. Chêne-Bourg: Éditions Médecine & Hygiène, colección *J'ai envie de comprendre*.

- Trickett, Shirley. 2014. *En finir avec les crises d'angoisse*. París: Leduc.s.

50MINUTOS.es
Historia
Economía y empresa
Coaching
Book Review
Salud y bienestar
Arte y literatura
EL DIAGRAMA DE ISHIKAWA
Material Método Máquina
Madre Naturaleza Medida Hombres
LA GUERRA DE PALESTINA DE 1948
DOMINA EL ARTE DEL NETWORKING
¡APRENDER NUNCA ANTES FUE TAN RÁPIDO!
www.50minutos.es